MEMORY OF A DREAM

BULGARIAN POETRY IN TRANSLATION, VOL. 7
EDITED BY LOIS HARROD

Danila Stoianova

MEMORY OF A DREAM

SELECTED AND TRANSLATED FROM THE BULGARIAN
BY LUDMILLA G. POPOVA-WIGHTMAN

IVY PRESS, PRINCETON, NJ

Ivy Press
16 Balsam Lane, Princeton, NJ 08540
Tel.: (609) 933-7779 Fax: (609) 921-7044
www.ivypressprinceton.com
info@ivypressprinceton.com

Some of the translations in this book first appeared in the following magazines: *The Literary Review, US1 Worksheets, Visions International,* and anthologies: *Shifting Borders: East European Poetries of the Eighties.* Compiled and edited by Walter Cummins, Madison, NJ: Fairleigh Dickinson University Press, 1993.

The poems in *Memory of a Dream* are a selection from *Spomen za sun* (Memory of a Dream), Plovdiv: Hristo G. Danov, 1990.

Published in 2003 by Ivy Press
Second impression 2004
Designed by Ludmilla G. Popova-Wightman
Cover art: Nicky Nayilibidj, Arnhemland, Australia
Barrafile Snake with Lilies
Printed in Bulgaria by

Books may be ordered from the Press

ISBN 1 - 930214 - 08 - 1

СЪДЪРЖАНИЕ

CONTENTS

* * *

Година вече чакам
моето лале да се разлисти,
обгърнато във багрите на пролетната лудост,
да бликне хладна свежест през затиснатите пори,
запънатите листи сънливо да разтвори,
да потреперва сладко в живи цветни тръпки,
най-после да е цвете, а не надеждна пъпка.
Омръзна ми да сменям
в чашата водата,
където клати своя гол,
зелен и кръгъл крак,
днес не издържах, протегнах се и го разтворих.

И с допира едва разбрах
стиснатите устни,
дъхът вътре сдържан – да не се изпусне;
моето малко цвете със сурова суета
криело в листите неразтворени
смъртта си.

1977

* * *

All year long, I've been waiting
for my tulip to open its bud
enfolded in colors of spring madness,
to spurt cool freshness from its sealed pores,
to unfurl reluctant petals sleepily,
and shivering sweetly–to be a flower at last,
not just a full-of-promise bud.
I am fed up with changing
the water in the glass,
where it shakes its naked,
green and round leg.
Today I couldn't bear it any more,
I reached and opened it.

And only with my touch, I understood
the lips, pressed together,
the breath, held inside its folded petals–
not to let go; in its bud
with fierce vanity,
my little flower
was hiding
its death.

ДЪЖД I

Мирише на дъжд.
О, боже – мирише на дъжд!
Духа вятър, който носи чувство на дъжд.
Луда пролет.
Кристални капки
по зелени и възбудени дървета.
Нощ, неонови лампи,
коли, лъщящо шосе.
Прогизнали улици, пълни с неизвестни
понятия.
О, боже мой –
самотата е щастие!
Самотата е общуване с истината.
Особено в мирис на дъжд.
Чувствам дъжд.
Искам дъжд.
Зная дъжд.
Дъжд.
И луда пролет.
В това горещо лято –
дъжд.

1975

RAIN I

It smells of rain.
Oh, Lord–it smells of rain!
The wind blows, bringing the feel of rain.
Crazy spring.
Crystal drops
on green, frantic trees.
Night, neon lights,
cars, the glistening road.
Soaking streets, full of unknown notions.
Oh, my Lord–
solitude is such happiness!
Solitude is communion with truth.
Especially when it smells of rain.
I feel the rain.
I want the rain.
I know the rain.
Rain.
And crazy spring.
In this hot summer–
rain.

ДЪЖД II

Неуместен дъжд има.
Сух и неразбираем.
Когато се чувстваш лошо.
Когато търсиш нещо,
което искаш, а то не идва.
Кристален и студен е въздухът.
А дъждът е неуместен.
Желанието ти е неуместно.
Вятър и ръмящ дъжд.
Мъката е моето утешение.

1975

RAIN II

There is irrelevant rain.
Dry and inscrutable.
When you feel bad.
When you search for something
you want and it eludes you.
The air is crystal and cold.
And the rain is irrelevant.
Your desire is irrelevant.
Wind and drizzle.
Anguish is my consolation.

* * *

Сетивата, сетивата,
сетивата се изхабяват,
сетивата се изтриват,
сетивата се претопяват
от собствената си игривост,
после лягат във тревата,
смъртта нежно ги обвива,
и когато вече кажем,
че ги няма и не са живи,
те внезапно се изсипват
във вид на пчели, дъжд, сливи,
на дървета, въздух, цветя, море,
мухи, маргарити,
изникват с такава сила,
че просто ни разблъскват
и ние, скупчени, страхливо
признаваме, че са вечно живи.

1976

* * *

The senses, the senses,
the senses become dull,
the senses grow jaded,
the senses are ground down
by their own playfulness.
They lie on the grass
and death shrouds them gently.
And when we say,
they are gone, dead,
they suddenly erupt
into bees, rain, plums,
trees, air, flowers, sea,
                                        flies, daisies,
they burst forth with such violence,
they simply push us aside,
and we huddle and shakily admit–
the senses are eternally alive.

* * *

Чух музика
и кръвта течеше по гърлото ми,
струните раздрани вибрираха,
вятърът свиреше в червата ми,
веждите се извиваха от напрежение и учудване,
слънцето се вмести в главата ми,
очите пулсираха в белите орбити
и не виждаха нищо освен звуци,
докато тъпанчетата ми
с гръм се разпукаха,
просвири в клетките нахлулата музика,
а после усетих как се разхвърчаха атомите,
и ме нямаше вече на едно място,
за да ви разкажа…

1976

* * *

I heard music
and the blood flowed down my throat,
my torn vocal cords vibrated,
wind howled in my gut,
my eyebrows arched from strain and surprise,
the sun settled in my head,
my eyes pulsed in their white orbits
and I couldn't see anything but sound
while my eardrums
cracked with thunder,
the music, surged into my cells, boomed
and then I knew how atoms fly apart,
and I was no longer in one place,
to tell you . . .

* * *

Когато срещнеш нещо…

Ако не можеш да го разбереш –
измисли си го.
И то ще ти даде най-силния си смисъл.
Убягва ли от погледа ти –
представи си го.
И ще видиш образа му най-истински.
Преди да го докоснеш –
усети го.
И всеки допир ще остане вече
груб и недостатъчен.

Когато срещнеш нещо,
срещни го с себе си –
и ще се срещнеш с него.

1975

* * *

When you encounter something . . .

If you cannot figure it out,
invent it.
And it will exude its strongest essence.
If it evades your gaze–
imagine it.
And you will see it in its truest form.
Before touching it,
feel it.
And your touch will remain
unnecessary, crude.

When you encounter something,
encounter it with your own self–
and you will encounter it.

* * *

Ако разрушиш честния кръст
и благоговейно повдигнеш треските към залеза,
от гледката ще получиш усещането,
че си разбрал битието.

Но не, драги,
по-осезаемо е,
ако се спънеш в някой пън изоставен
и се пльоснеш в локвата зад него.

1976

* * *

If you destroy the true cross
and reverently lift the splinters up to the sunset,
looking at them, will you feel
you have understood life?

No, my dear,
life will be more comprehensible
if you stumble over a hidden stump
and sprawl in the puddle behind it.

* * *

В разговор с един палещ залез
за̀варих пчелите от кошера.
В дълбоко синьото небе
нахлуваше вечерното ухание на люляци.
Жужеше ласкавата тишина,
една пчела –
една пчела –
застана в упор с умореното светило
и златисто невъзмутимо
го целуна.

По кожата си чувствах
следобеда как се свлича,
в стъклото на сълзите си –
мъката да тича,
в пламтящото великолепие
на слънчевата клада
с крясък на прокажена
чух самотата си да пада.

1977

* * *

I found the bees at the beehive
in conversation with a blazing sunset.
The lilacs' evening fragrance
surged into the deep-blue sky.
The caressing silence buzzed,
a bee–
a bee–
fluttered, faced the tired sun
and goldenly, serenely
kissed it.

I felt with my skin
how the afternoon was sliding
into its glass full of tears–
how sorrow was running.
I heard loneliness
shrieking like a leper,
fall into the fiery grandeur
of the sun's pyre.

* * *

Когато хълмовете набъбват
и дъждът рукva на порои,
цветята с корените си тръгват
и слънцето залязва нагоре,

всичките ми мъки и страховете ми,
повлечени от хаоса,
в ритъма на всеобщото
се успокояват.

1976

* * *

When the hills swell
and rain falls in torrents,
flowers and their roots leave
and the sun sets up the horizon.

Swept away by the chaos,
all my anguish, all my fears
are assuaged in the rhythm
of the world.

* * *

През есента,
когато от изсъхналата четина на черната гора
се ронят медени сълзи
и сините мадони се люлеят
на слънчевите косми на божията брада,
на моето сакато настроение
подайте розовите патерици на студа,
венчайте го с венец от мръзнещи мухи
и то ще тръгне –
от празното ми тяло
в един измислен храм,
да изкупи на сляпото ни страдание
светия срам.

1976

* * *

In autumn
when the black forest bristles
shed honey tears
and blue Madonnas swing
on the sunny strands of God's beard,
give my lame mood
crutches of pink frost,
crown it with a wreath of freezing flies
and it will leave
my body–
and enter an imaginary temple
to atone for blind suffering's
sacred shame.

* * *

Не питайте водното конче
дали знае,
че е синьо небето.

То го е научило от водата,
която е потопила небето,
и го е попило в тялото си.

1980

* * *

Don’t ask the dragon-fly
if she knows
the sky is blue.

She learned blue from the water
that sucked down the sky
and absorbed it.

* * *

В нашето преследване
бягах,
сигурна,
че ще ме стигнеш.

Ах, в опиянението си
да не бях тръшкала вратите,
да не бях събаряла сводовете,
да не бях изравяла плочите.

Не мога да се върна вече
и ти – да дойдеш.

1976

* * *

In our chase
I ran,
sure
you would catch up with me.

Ah, if in my exultation,
I had not shut the doors,
I had not torn down the vaults,
I had not dug out the flagstones.

I cannot reach you anymore
and you cannot come back to me.

* * *

Моето очакване –
съвсем безсмислено,
като края на червеното,
без смисъла на бялото,
както и едно учудено зелено,
съвсем дълго черно,
и студено синьо,
един човешки цвят,
намесил се в тази хармония,
размесил я с безстрастно
бледооранжевобяло.

1974

* * *

My waiting
is quite senseless,
as the end of red,
without the sense of white,
as well as a surprised green,
an utterly long black
and a cold blue–
a human color,
interfered in that harmony,
mixed in it a passionless
paleorangewhite.

* * *

Туптящото сърце на Земята,
слънцето,
узрялото слънце,
тъмната, дъхаща сокове вишна,
слънцето,
бавното закръглено слънце,
любовта,
горещият старец,
о, ридайте,
примижали фасади,
тръпнещи малки врабци,
слънцето,
баща ни,
е мъртво,
слънцето завинаги спи.
Елате да разплетем мъртвите му лъчи,
да убием големия паяк,
който го задуши,
слънцето,
огромни сълзи,
ние се бием с цъфнали портокали,

* * *

The pulsing heart of the Earth,
the sun,
the ripe sun,
the dark, juicy sour cherry,
the sun,
the slow plump sun,
love,
the hot old man.
Weep,
squinting facades,
shivering sparrows,
the sun,
our father,
is dead,
the sun will sleep forever.
Come, unravel its dead rays,
kill the big spider,
that smothered
the sun;
enormous tears,
we fight with flowering oranges,

ние плачем,
възкресение,
мъчно ми е,
пее
опело
мократа песен на дъжда –
слънцето затвори очи.

1977

we cry,
resurrection,
I am sad,
the rain
drums
a funeral march,
the sun has closed his eyes.

* * *

О, аз усетих най-накрая
болката на безкрая,
чух воя на ветровете
да изтезава дърветата,
чух се да се страхувам,
изтръпнах, че тъгувам.

Бързо, бързо,
няма време,
има време да вървиме,
имаме само тая зима
да достигнем до безкрая
и там да познаем края.

Усетих бръшляна да пъпли под краката ми,
лозата въздуха да бродира,
оси да скитат в косата ми,
а аз уплашено да скандирам,
че живея,
че искам,
че зная,
докато надълбоко в душата ми
ме боли безкраят.

1977

* * *

Oh, I finally felt the suffering
of the infinite,
I heard the howling of the winds
torture the trees,
I heard being afraid,
I shuddered, I was sad.

Quick, quick,
there is no time,
there is time to walk,
we have only this winter
to reach the infinite
and there to know the finite.

I felt the ivy crawling under my feet,
the vine embroidering the air,
the wasps wandering in my hair,
and heard myself shouting,
I live,
I want,
I know
while deep down the boundless hurt
my soul.

* * *

В памет! – бих изкрещяла.
В памет! – бих ви задържала.
За секунда – да си взема паметта ви,
за да не изгние със телата.
И да си повтаря сама на себе си –
в памет! – на незапочнатото и невъзможно,
на отминалото начало на паметта.

1975

* * *

In my memory–I would have cried.
In my memory–I would have held you.
Only for a second–to rescue your memory,
before it rots with your corpse.
And to repeat to itself–
in my memory: the beginning of memory–
not yet began, impossible,
the beginning of memory, left behind.

* * *

Три пъти се обърнах,
три пъти погледнах
към гробището,
което никога не бях видяла
и нямаше да видя.
И тъй като не срещнах очите на мъртвите,
си тръгнах по-спокойна
от отиващата на разкаяние Смърт.

1975

* * *

I turned back three times,
I looked back three times
toward the graveyard
I have never seen
nor will see again.
And since I didn't meet the eyes of the dead,
I left, feeling more peaceful than Death
on her way to do penance.

* * *

В истеричното си напредване
и да разравяш скалите с грохота си,
и да лаеш в хор със реката,
и да изтръгваш листата и клоните,
и да ми блъскаш дъха на сеното
в лицето
и твърдата глухота на бумтящата нощ,
колкото и да се гърчат колелата ти,
колкото и да се задъхва парата ти –
чух как премаза щурец.

Ето така – разпука го,
струните малки отчаяно звъннаха,
тихият пукот на костички
стигна оглушителен до слуха ми,
разчленени и пръснати,
всяка отскочи
и със звън се удари в моите.

* * *

In your frenzied rush forward,
even as you cracked the rocks with your roar,
barked together with the river,
wrenched leaves and branches away,
even as you drove the hay's aroma
into my face
and the hard dullness of the booming night,
no matter how your wheels twisted
and your steam gasped,
I still heard how you crushed the cricket.

So you did–you split it open,
the little strings rang out desperately,
the low crackle of snapping little bones
reached my ear;
severed and scattered,
each bone leapt,
and, with a bang, hit mine.

И как ме заболя тялото,
как закърви слухът ми –
чак до сънната светлина на нощната гара,
докъдето влакът дотътри изплашен
звуците на щуреца.

1977

And how my body hurt,
how my ear bled–
all the way to the sleepily lit
railway station to which,
frightened, you dragged
the cricket's sounds.

* * *

Вечерта
на синия сняг
заспа една муха
а от небето
слизаше дълго
ярка трептяща звезда
и пое
по нощната си пътека
над планината.

1981

* * *

In the evening
a fly fell asleep
on the blue snow
a bright quivering star
descended slowly
and set off
on the night trail
over the mountain.

* * *

Бръмченето на комарите
ми натика кошмара в ушите
заедно с мухите,
които лазеха около мъртвия.

Рояци, рояци мухи,
защото бягат от бурята,
рояци есенни листа
се ронят от свежата круша,
се плъзгат по свежите круши,
защото летният вятър духа.

Колко са огромни капките
на метър една от друга,
глухо се удрят в плочника,
тъпо се бият струите,
защото летният вятър духа
и има мухи и жълти листа.

Страх ме е, че са погребали мъртвия жив,
страх ме е да не се събуди в гроба
и да чуе, че е в гроба
от летния вятър,
който духа огромните жълти капки.

* * *

The buzzing of the mosquitoes
jammed the nightmare into my ears,
together with the flies,
crawling around the dead body.

Swarms, swarms of flies,
because they fly from the storm,
swarms of autumn leaves
shed by the fresh pear tree,
flutter by the pears,
because a summer wind blows.

How enormous are the drops
falling wide,
they hit the sidewalk with a thud,
the streams of rain mix dully,
because a summer wind blows
and there are flies and yellow leaves.

I am afraid they have buried the dead man alive,
I am afraid he will wake up in his grave,
and from the summer wind,
blowing enormous yellow drops,
he will hear he is in his grave.

Асмата се откърти.
И сумрака на стаята се пресече,
както се пресича майонеза.
Чистите дъждовни листа
са в дрехите на мъртвия,
в кашата от дрехи,
които летният дъжд измокри.
Асмата се откърти
и още лети надолу.

Надолу, надолу,
защото земята се завъртя толкова бързо,
че ако падаш отгоре,
няма да можеш да я улучиш.
Сигурно летният вятър я духа
и капките падат толкова глухо,
че я плашат да не е куха.

Бръмчи, бръмчи, бръмчат мухите,
а мене само ме е страх,
че мъртвият е бил жив.

1976

The vine tore away.
The dusk in the room clotted
like mayonnaise.
The clean rain petals
fill the dead man's clothes,
the pulp of clothes,
soaked by the summer rain.
The vine tore away
and is still falling down.

Down, down,
because the earth started to spin so fast,
that if you fell,
you would miss the ground.
Surely, the summer wind blows,
and the drops' thuds are so muffled
the earth is afraid, it may be hollow.

Buzz, buzz, the flies are buzzing,
and I am afraid
that the dead man was alive.

* * *

Облак-циклоп
гледа през мокрото ми стъкло –
слънцето е горящо око.
Вятърът плаче, свит на кълбо,
и се стичат сълзите на вятъра
по тихото синьо стъкло.
Слънчев дъжд от слънчеви сълзи –
сляп облак
с душа от вятър.

1978

* * *

A cloud-cyclop
peers through
my wet window panes–
the sun is a burning eye.
The wind, curled in a ball, whines.
and its tears run down
the tranquil blue panes.
Sun rain of sun tears–
a blind cloud with the soul
of wind.

* * *

Три кобили
в нощта
размити под дъжда
гълтат хладина
и е толкова
въздухът
в гърлата им
че се разтапят
в тъмнината.

Безшумни гръмотевици
цепят луната.

Навсякъде гръб на кобила
и вятър.

1979

* * *

Three mares
in the night
washed by the rain
swallow coolness.
There is so much air
in their throats,
they fade away
in the dark.

Low thunder
splits the moon.

Manes and wind
everywhere.

* * *

Колко е хубаво да си сам
в празната къща.
Овошките са мокри и студени,
облаците – акварелени,
зюмбюлите – морно розови,
колко е хубаво да пеят птички
и в клоните да шуми свобода.

1980

* * *

It is so good to be alone
in the empty house.
The fruit trees are cold and wet,
the clouds–a study in water colors,
the hyacinths–pale pink,
it so good to hear birds singing
and freedom rustling in the boughs.

* * *

Един гълъб,
който се блъскаше
в далечната вечер
в клоните на тъмни тополи,
се оказа комар,
кацнал на моя прозорец.

Ударих с ръка,
но комара убит
оказа се гълъб,
който
в далечната вечер
в клоните на тъмни тополи
полетя
мъртъв
надолу.

1980

* * *

In the distant evening
a pigeon,
crashing
into the branches of
dark poplars,
turned out to be a mosquito
landing on my window.

I hit it with my hand.
The squashed mosquito
turned out to be a pigeon
who
dropped
dead
down
into the branches of
the dark poplars
in the distant evening.

* * *

На мраморната тераса,
на гипсирания крак
на баба ми
се изкачи болката
и видя:
луната утре ще бъде розова
в паяжината на утринните облаци.
После почука
и ѝ отворих,
за да прекара
безсънната си нощ
в мене.

1975

* * *

On the marble terrace
pain climbed up
my grandmother's
broken leg
and sensed–
tomorrow the moon will be pink
in the spider web of morning clouds.
Then it knocked.
I let it in
to spend
its sleepless night
in me.

* * *

Днес срещнах в упор
една пчела:
какъв цвят
има тоя свят,
какъв цвят
има тоя свят?
Гледахме се глупаво
и тя отлетя.

1979

* * *

Today I looked straight
into a bee's eye–
what color is
this world,
what color is
this world?
We stared at each other
stupidly
and it flew away.

ЕСЕННА ПЕСЕН

И тази есен
започна унесено.
В огромния въздух
се раждаше смърт.

Греховни молитви
пееха розите
и залязваше
бледната им кръв.

Греховни молитви
пееха гълъбите
и мъртвите им сърца
плачеха в студа.

Греховни молитви
пееше тялото ми,
допряло
мократа пръст.

AUTUMN SONG

And this autumn
is languorous.
In the boundless air
death is born.

Roses sing
sinful hymns
their pale blood
fades away

Pigeons sing
sinful hymns
their dead hearts
weep in the cold.

My body sings
sinful hymns,
touching
the wet earth.

Гърмеше птичият полет
в тихото.
Луната потъна
в зимното си бълнуване.

1978

Birds in flight thundered
in the quiet.
The moon submerged
in its winter delirium.

* * *

Тържествено и бавно
като коледна литургия
тази нощ пада
снегът.

Две луни пеят
в празните прозорци,
от щастие по света
плаче Мария,
две луни си пригласят
в празните прозорци,
а църквата кънти.

Навън пада снегът
като коледна литургия,
сред него
две луни плуват,
в студените облаци
положили блудни бели глави.

1977

* * *

Tonight
the snow falls
solemnly, slowly
like a Christmas liturgy.

Two moons sing
in the hollow windows,
Maria weeps
for happiness in the world,
two moons harmonize
in the hollow windows,
and the church rings.

Outside the snow falls
like a Christmas liturgy,
two moons swim in it,
resting their wasted white heads
on the cold clouds.

* * *

Слънцето е нервно,
вятърът – болен,
луната – мъртва,
реката – пияна
само
защото някого
няма.

1978

* * *

The sun is restless
the wind sick,
the moon dead,
the river drunk
because
someone
is not here.

* * *

пламъкът на
свещта трепти
трепти
и се образува
образът на луната

после пеят гласове
на заболели мъртви
и така се
концентрират
духове

През юли,
бедния, немощен юли
пихме за тримата мъртви,
мозъкът ме
боли
от толкова неща,
които не разбирам,
в мозъка ми вали сняг,
сняг се трупа над
мозъчните хребети,
отвътре съм бяла и студена,
отвънка очи в лед.

* * *

the candle-flame
quivers
quivers
and the image of the moon
emerges

voices of sick dead
sing
and spirits
concentrate

in July
poor powerless July
we drank the health of the three dead
my brain
aches
I don't understand
so many things
it snows in my brain
snow gathers
on my brain ridges
I am white and cold inside
outside my eyes are ice

Каква тъжна вселена
нахлува отвред.
Плачем,
защото не искаме
да плачем,
не знаем защо
и затова плачем.
Не чувстваме,
че сълзите ни падат
ледени върху земята
(тогава
градушката и бурята,
и сивото небе,
шумът и наводнението,
и тревите
бяха сълзите на човечеството).

Тази нощ
никой няма да дойде.
В мозъка ми
тъпчат безшумно
и напускат
през прозореца
в тъмната градина.

what a sad universe
surges from everywhere
we cry
because we don't want
to cry
we don't know why
and therefore we cry
we don't feel
that our tears fall
icy on the ground
(then the hail
and the storm
and the grey sky
the noise and the flood
the grasses are
the tears of all humanity)

this night
no one will come
someone strolls noiselessly
in my brain
and goes
through the window
into the dark garden

Няма вече разбиране,
започва чувстването,
което е смътен ужас
и страх,
и желание
за сън
и за смърт
и е самота
и щастлив
напоителен плач
(дъждът оня следобед,
бурният дъжд
и раждащата лозница
и прозрачната като облак
луна
и мокрите клони)
бяха моя плач
и отдаване
на това, което бях,
и не съм
и няма да бъда.
От днес не съм аз
и нямам нищо общо
със себе си.
Не я познавам
и я ненавиждам.

there is no more understanding
feeling begins
it's a vague horror
and fear
and desire
for sleep
and death
and it's solitude
and happy
penetrating rain
(the rain that afternoon
the stormy rain
and the fruitful vine
and the moon
transparent like a cloud
and the wet boughs)
are my cry
and giving myself
to the thing I was
and I am not
and I will never be
from today I am not I
and I don't have anything in common
with myself
I don't know her
and I hate her

Тази нощ е страшна.
Знаеш много неща,
а нямаш сила
да ги разбереш.
Трябва да знаеш кой си
и имало ли е някого,
и тебе те няма,
тихо лунно поточе
се влива в стаята ми
и изгаси свещта
и влезе утрото.

1979

this night is frightful
you know many things
but don’t have the strength
to understand them
you should know who you are
and was there someone
and you are not
a silent moon brook
flows into your room
it blew out the candle
the morning came in

* * *

През лицето ми
като през рамка
на картина
очите виждат света:
златни облаци
и тъмни тополи,
езеро с херувими
и водни лилии –
в здрача експлодират
сенките на бели дрехи –
хората стават и си отиват.
Оставам сама.

Късно вървя
под лампите на града
и те скриват небето,
но зная –
под дърветата
в очите на езерото
остава цялата нощ
денят.

1979

* * *

My eyes see the world
through my face–
a frame–
golden clouds
and dark poplars,
a lake full of cherubs
and water lilies–
the shadows of white clothes
explode in the dusk,
the people get up and leave.
I remain alone.

In the late evening, I walk
under the street lights,
they hide the sky,
I know–
under the trees,
in the eyes of the lake,
the day
spends its nights.

САМОТНО ВЛЮБВАНЕ

Матов залез
през прашни стъкла
в ателието.
Мирише на дюли
и на бои.

Тази вечер измислих
цвета на очите ти.
Утре ще ти измисля лице.

Вятърът люлее
жълтите ни пердета.
Високо наоколо
свети небето
с прилепи
и предвечерни звезди.

1979

LONELY FALLING IN LOVE

A dull sunset
through dirty
window panes.
In the studio
smells of quince
and oil paint.

This evening I invented
the color of your eyes.
Tomorrow I will give you a face.

The yellow curtains
billow in the wind.
High up
the sky is alight
with bats
and early evening stars.

* * *

Исках да кажа,
че днес градината е божествена,
есенна, топла,
за слънчевите рози до прозореца,
златните свещи, бонбоните,
картините в снопове светлина,
лъчистото уиски
и розовата роза
в кристална чаша,
която тежи нежно над камината,
разхвърляното бяло легло
и вятърът,
твоето отсъствие,
толкова близко,
защото
аз
днес и вчера
и утре
те обичам.

1980

* * *

I wanted to say
today the garden is divine,
autumnal, warm,
I wanted to talk about
the sunny roses next to the window,
the golden candles, the candy,
the paintings in the shafts of light,
the glowing whisky
and the pink rose
in the crystal glass,
put tenderly on the mantelpiece,
the unmade white bed
and the wind,
your absence,
so close,
because
today and yesterday
and tomorrow
I
love you.

* * *

На кого пееш ти –
птиче в кафез?
В тъмната стая
как чувстваш залеза?
Само аз ще те чуя,
а аз нямам на кого
да го кажа.

1981

* * *

For whom do you sing–
caged bird?
How do you sense the sunset
in the dark room?
Only I hear you
and I have no one
to tell it to.

* * *

Дъждът
езерото
и вятърът
сънуваха красотата
на един заспал лебед.

Шумоляха перата му.
Скрил глава
той пътуваше
и сънуваше
в тишината
всичко това.

1980

* * *

The rain
the lake
the wind
dreamt
of a sleeping
swan's beauty.

His feathers rustled,
his head was buried under his wing.
He glided,
and in silence
dreamt of the rain, the lake,
and the wind.

* * *

Но накрая
ще седна покрай света
и минаващите кошмари
на миналото
ще размивам с пръчка
– като нощни отблясъци на река
– бавно,
на безмислени късчета,
с неподвижни очи
в усмивка.

1980

* * *

But at the end
I will sit at the edge of the world
and with a stick
I will slowly rip the floating nightmares
of the past–
a river's glimmer in the night–
into meaningless scraps,
with a steady gaze,
then a smile.

* * *

Докато денем
блуждаеш,
докато изчезваш
в съня си,
чуваш ли разговора в съседната стая?

Шумоли
и затихва.
И се оживява.
Бдение и предсказание.
Спомени.

Двойник – разговор на живота.
През полуоткрехнатата врата
звукът се изкривява,
достигат погрешни думи.

Докато денем
извършваш,
докато нощем
забравяш,
чуваш ли разговора в съседната стая?

1981

* * *

When you daydream,
when you disappear
in your night dreams,
can you hear the conversation
in the next room?

It rustles
and fades.
And becomes animated.
Vigil and prophecy.
Memories.

A double–life's conversation.
Through the half-opened door
the sound is distorted,
wrong words reach you.

When you act
during the day,
when you forget
during the night,
do you hear the conversation
in the next room?

* * *

Звездите се давят в облаците
и облаците ги заливат.

Излязох на перваза
студът ме понесе
дъждът ме унесе
шепне на стъпалата ми песен
Голи
лилави тополи
с жълта луна
в клоните

тъмно небе
первазът възлиза
тъмно небе
все по-близо
тъмнозелено
лилаво-синьо
небе
в тебе навлизам

Звездите се давят в облаците
издавиха се всичките.

1981

* * *

Stars drown in clouds
and the clouds swallow them

I sit on the window sill
the cold carries me
the rain transports me
a song whispers to my feet
bare
lilac poplars
a yellow moon
in their boughs

dark sky
the window sill rises
the dark sky
is coming closer
dark-green
lilac-blue
sky
I enter you

Stars drown in clouds
they all drowned

* * *

Чаках те като влага,
като звуците на бурята,
които отприщват страха
и помитат вцепенението,
в тишината – далечен гръм,
с който навлиза хладен вятър и дъжд –
да съм мокра, облъскана,
силата на хармонията
и хаоса.

Ти се насъбра с надвисналите облаци,
дойде
и отмина, само
с тежки, бременни капки,
паднаха рядко и
оставиха да виси очакване,
задушиха праха и
вдигнаха задуха,
пак дишам задуха и тежка мараня,
неизвалялата буря.

1983

* * *

I waited for you as one waits for rain,
for the sounds of thunder
that loosens fear
and sweeps away lethargy,
in the silence–distant thunder,
bringing cool wind and rain–
I want to be soaked, shining,
the force of harmony
and chaos.

You joined the overhanging clouds,
approached,
floated by, sprinkled a few heavy,
pregnant drops,
and left expectation in the air;
suppressed the dust
and increased the sultriness
I breathe sultriness and heavy haze,
the unresolved storm.

* * *

На моите приятели
на отчаянието и надеждата им
посвещавам

морето се събуди
след нощ в кошмари,
пълна с риби и водорасли,
китове и медузи.

Отиваш си,
а в краката ти се
вият
лепкави спомените
за техните думи
– Умното ти чело
и красивото ти лице –
Потъват в раните ти
като кратери
на невинното им
безумие.
Сляпа е усмивката ти
като слепите им очи.

* * *

To my friends,
to their despair and hope,
I dedicate this poem

the sea woke up
after a night of nightmare,
fish and seaweed,
whales and medusas.

You are leaving,
and in your feet
wriggles
the mortifying memory
of their words,
your clever forehead,
your pretty face.
The words sink into your wounds–
craters
of their innocent
insanity.
Your smile is blind
as their blind eyes.

Самотното близко море...
Легна до него,
отдаде се на студените му ръце,
бял шепнещ допълзя прибоят,
обгърна тялото ти,
пое те в следобедните си видения
да те люлее, и те залюля
и те залюля.

Тази нощ морето
заспа с твоите кошмари
и вълните му бяха тежки и бавни
като бълнуване с тежки завивки,
покрити с гъби и меки водорасли.

– Умното ти чело
и красивото ти лице... –

The lonely sea near by . . .
You lay down beside the sea,
you surrendered to its cold hands,
the white whispering surf
enfolded your body
in its afternoon visions,
and it rocked you
and rocked you.

Tonight the sea
fell asleep with your nightmare.
The waves were slow and heavy
like a delirium under a thick quilt,
stitched of soft seaweed.

Your clever forehead,
your pretty face...

Спомниха си за теб
в онзи друг следобед
когато морето дойде самотно и близко
погледнаха под морето
разлистиха го
и в прозрачната зелена вода
плаваха сред
слънчеви струи
бели удавници

1984

They remembered you
that other afternoon,
when the sea came near, lonely,
they looked under the sea,
they leafed through it
and in the limpid green water,
down rivulets of sun
drifted
drowned pale women.

УМОЛЕНИЕ ЗА ПЪТ

Не мога да гледам ръцете ти върху леда...
Стани.

Тогава в окото ми се заби
една стъклена точка
и светът започна да се разпада
на разноцветни стъкълца
да се разсипва пред очите ми
на трептящи калейдоскопи
предимно бели
стъклени мозайки
лицето ти се стичаше
на червени и сини стъкълца
рукваше с чукане
и се сцепваше и се събираше пак
в неиздържливи мозайки
Във водовъртежа на водопада
се разгъваха стъклени лебеди
без шум
и стъклени мозайки а в окото ми тръпнеха
белите ледени поля по които се пързалях
в които ослепях от отблясъка
на звънтящи кристални мозайки

ENTREATY

I cannot look at your hands on the ice . . .
Get up.

A glass splinter pierced
my eye
and the world began to disintegrate
into colorful fragments
before my eyes
to create wavering kaleidoscopes
mostly white
a glass mosaic
your face scattered
into red and blue fragments
they clattered down
then gathered together again
into impermanent mosaics
in the swirling chunks
glass swans spread
noiselessly
in my eyes
the white ice trembled
on which I skated and became blind
from the glitter
of the ringing crystal mosaics

които се струпаха в главата ми
и мърдаха като
гъгнещи сапунени мехури
преди спукване.

Ние ще стигнем
Стани
Махни ръцете си от леда
Повярвай, стани
Зная, че ти позна как в тези мозайки
видях да плува за миг
спокойното лице на Бога
Това е добро и лошо знамение
За Бога –
вземи моите ръце,
махни ръцете си от леда,
стани,
позволи ми да те събера,
за Бога,
позволи ми да продължа!

1984, Париж

that filled my head
and heaved
like sibilant soap bubbles
just before bursting.

We shall arrive.
Get up.
Take your hands off the ice.
Believe me, get up.
I know, you guessed that for a moment I saw
God's calm face, swimming in the mosaic.
This is an omen, good and a bad.
For God's sake–
take my hands,
take your hands off the ice,
get up,
permit me to make you whole,
for God's sake
permit me to continue!

ПОЕМА ЗА СЛЕПОТАТА

Не си отивай!

Сега, когато спя,
когато не виждам нищо вече,
когато ослепях
и вятърът
излива формата
на сивата ми къща,
когато виденията ми са
черни точки само,
когато вече не мога нищо,
дори и да плача,
но още чувствам,
кажи, обичаш ли ме –
на докосване, не на поглед,
искаш ли ме,
остани.

Не виждам усмихваш ли се
или ми се смееш, мълчиш ли
или вече те няма.

POEM OF BLINDNESS

Don't go away!

Now when I am asleep,
when I cannot see any more,
when I've become blind,
and the wind
outlines the shape
of my grey house,
when my visions are
only black dots,
when I cannot do anything,
even cry, but I still feel,
tell me, do you love me–
tell me with your touch,
not with your eyes–
do you want me,
stay.

I cannot see if you are smiling
or laughing at me,
are you silent
or already gone?

Не си отивай!

Гласът ми е силен,
поне гласът ми е
силен,
а ти каза, че ти е студено
от ледената му песен.

От сухото му шипене.
Като сух сняг
върху суха хартия.

Те разпънаха жабата за дисекция
и сухите ѝ очи
се остъргаха в сухата хартия
и те прибавиха адреналин
към отвореното ѝ сърце
и то затуптя,
бързо и силно и болно, до болка,
без да може да спре
да боли
да тупти
и да сърцебие
и очите
да стържат
по сухата хартия.

Don't go away!

My voice is strong,
at least my voice is
strong,
and you said, you are chilled
by its icy song.

By its dry rasping.
The dry rasping of dry snow
on dry paper.

They spread a frog to dissect it,
and its dry eyes
scraped against the dry paper,
and they dropped adrenaline
into its open heart,
and it started to beat–
fast, and strong, and painful,
causing pain,
unable to stop feeling pain,
beating
palpitating,
and the eyes–
scraping against
the dry paper.

А ти виждал ли си
как изхвръкват очите
на жабата,
когато я надуват с тънка сламка.

Не си отивай!

Искам да чуеш!

Дърветата оглушаха и замълчаха.
Камъкът, който нося,
е гранит.
В него се удари
светлината
и се обля в кръв.
Съсирена капка светлина
и в нея се огледах,
преди да се облея в кръв
и преди да ослепея.
Цветовете на света
ги няма.
Свят без цвят.
Какъв цвят е този свят?

And have you seen
how frog eyes
pop
when they blow her up.

Don’t go away!

I want you to hear!

The trees are deaf and mute.
The stone I carry
is granite.
The light smashes into it
and bleeds.
A drop of congealed light.
I saw myself reflected in it
before I bled
and became blind.
The color of the world
is gone.
A world without color.
What color is this world?

По листата на дърветата
се трупа прах.
Над главата на детето ми
се трупа прах.

Колко бавно слизам
в себе си.
Все пак ще извърша
това слизане.
През затлачените пластове
на забравата
и самозабравата.
Съсредоточи се.
Забрави съображенията.
Вслушай се в себе си.
Забрави публичността.

Детето ми плаче
далеч от мен
в тресавището на
оная изоставената стая,
не е сираче,
а майка му
не може да го освободи.

Dust gathers
on tree leaves.
Dust gathers
on my child's head.

How slowly I descend
into myself.
Still I will plow through
the silted layers
of forgetfulness
and self-forgetfulness.
Concentrate.
Forget your considerations.
Listen to your own voice.
Forget what others think.

My child is crying
far away from me
in the bog of
that abandoned room.
It isn't an orphan,
and its mother
cannot set it free.

От праха.
От сухотата.
От слепотата.

Ембрионът, черен и хлъзгав,
се полюшва в застоялите води
на жабунясалия вир
под напуканите стени
на влажната уста на пещерата
и ръцете му с извити пръсти
приличат на
изкоренени корени
от кална земя.
И очите гледат мъртво,
пълни с вода.
Дъждът къпе ембриона ми.

Кой говори за смърт
преди рождението?
Кой говори за любов
без съвокупление?

From dust.
From dryness.
From blindness.

The embryo, black and slippery,
sways in the brackish water
of the frog pond,
under the cracked walls
of the cave's wet mouth.
Its hands,
with their crooked fingers,
look like roots
pulled out of the muddy earth.
And the eyes, full of water,
seem dead.
The rain gives my embryo
a bath.

Who speaks of death
before birth?
Who speaks of love
without copulation?

Отпих чай
от китайската купичка.
Замириса на жива риба.
Казаха ми, че е от драконите
на дъното.

Юли *1984,* Париж

I sipped tea
from a Chinese bowl.
It smelled of live fish.
I was told the smell came
from the dragons on its bottom.

TRANSLATOR'S NOTE

And death shall have no dominion.
Dylan Thomas

I first held in my hands Danila Stoianova's slim, yellow volume, *Memory of a Dream,* in 1991. It was sent by Blaga Dimitrova, the Bulgarian poet and novelist, for possible inclusion in the Bulgarian segment of the anthology *Shifting Borders: East European Poetries of the Eighties,* which I was preparing at the time. With its beautiful title, her book immediately drew my attention. *Memory of a Dream.* I read it, reached for pen and paper, and began translating the poems.

Surrealist poetic shoots had already stealthily penetrated the hardened soil of Bulgarian publishing, tightly controlled by censors. But the rich, beautiful imagery, the poignancy was strikingly new. Captivated, I included twelve of the poems in the anthology. In the ensuing years, I published several more poems in journals, and regularly returned to the manuscript, revising and adding new poems. The unusual syntax and diction kept me busy. And every time, working on the translations, I was moved by Danila's fate.

She was born in 1961. Her father, Tsvetan Stoianov, was a famous, charismatic literary critic and translator. As a child, she heard Emily Dickinson and T. S. Eliot read in English and in Bulgarian translation, she lived in a house full of books, and was often in the company of poets–friends of her parents.

Tsvetan Stoianov died suddenly in 1971. His mother died soon after. Death cast its shadow on Danila. At fifteen, she wrote,

> I know that I won't have a funeral.
> Because it's difficult to bury
> one who sees death as life
> and lives in both.

Perhaps, it was a premonition–in 1979, just eighteen, she was diagnosed with leukemia, already advanced. She fought the disease valiantly for five years. Then the cure killed her–her immune system, weakened by chemotherapy, succumbed to infection.

In the early eighties, Danila had prepared the manuscript of *Memory of a Dream*. Blaga

Dimitrova wrote an essay on her poetry, and submitted it for publication. It was not published. The story of the manuscript's languishing in the drawers of editors and reviewers, so typical of the totalitarian dictatorship and its censors: the Union of Bulgarian Writers' administrators, Publishing Houses' editors (some of them Secret Services' collaborators), is too painful to tell in detail. Her passionate wish to see her book in print was not fulfilled. She insisted on the integrity of her text–she preferred not to have her book published rather than to have it mutilated by censors.

Memory of a Dream finally appeared in 1990. It sold out quickly, and has been out of print since.

This bilingual edition will be a second Bulgarian edition, and also give the English reading public opportunity to read her poetry.

I owe a debt of gratitude to Antoanetta Voinikova, D. Stoianova's mother, who gave me access to her archive, and generously shared with me memories of her daughter and knowledge of her work.

I wish to thank *US1 Poets' Cooperative* for their constructive criticism, and especially my editor Lois Harrod for her invaluable editorial advice.